ORDONNANCE

DE LOUIS XIV,

ROY DE FRANCE ET DE NAVARRE;

Sur le fait des Cinq grosses Fermes.

Donnée à Versailles au mois de Février 1687.

Regiſtrée en la Cour des Aides le 8 Mars ſuivant.

A PARIS,

DE L'IMPRIMERIE ROYALE.

M. DCCL.

TABLE

Des Titres contenus en cette Ordonnance.

TABLE

ORDONNANCE

ORDONNANCE

DE LOUIS XIV,

ROY DE FRANCE ET DE NAVARRE,

Sur le fait des Cinq grosses Fermes.

Donnée à Versailles au mois de Février 1687.

Regiftrée en la Cour des Aides le 8 Mars fuivant.

LOUIS, PAR LA GRACE DE DIEU, ROY DE FRANCE ET DE NAVARRE: A tous préfens & à venir, SALUT. Nous avons, par nos ordonnances des mois de mai & juin 1680 & juillet 1681, établi une jurifprudence certaine pour la perception des droits qui compofent nos fermes générales des gabelles, aides, entrées, & autres y joints, en forte qu'il reftoit encore à régler les maximes concernant la perception des droits de fortie & d'entrée fur les marchandifes

A

& denrées; à quoi nous avons fait travailler: & après avoir fait examiner en notre Conseil royal des finances, les anciennes ordonnances, & les usages établis par les baux & par les jugemens, Nous avons fait rédiger les articles que nous voulons être observés sur cette matière. A CES CAUSES, de l'avis de notre Conseil, & de notre certaine science, pleine puissance & autorité royale, Nous avons dit, déclaré & ordonné, disons, déclarons & ordonnons, voulons & nous plaît ce qui ensuit.

TITRE PREMIER.

Des droits de sortie & d'entrée, & des droits d'acquits de payement & à caution, & de certificats de descente.

ARTICLE PREMIER.

Nos droits de sortie & d'entrée seront payés suivant les tarifs arrêtés en notre Conseil ès années 1664 & 1667, & arrêts depuis intervenus, sur toutes les marchandises qui y seront comprises, nonobstant tous privilèges autres que ceux qui y seront mentionnés, quand même elles seroient destinées pour notre usage & service; & sans déduction de nos autres droits qui auront été payés dans nos provinces réputées étrangères, à la réserve des drogueries & épiceries, pour lesquelles les droits qui auront été payés, seront déduits.

I I.

IL ne sera fait aussi aucune déduction des caisses, tonneaux, serpillières, & de ce qui sert à l'emballage des marchandises dont les droits se payent au poids, si ce n'est sur les marchandises d'or, d'argent & de soie, & sur les drogueries & épiceries.

I I I.

DÉCLARONS nos provinces de Normandie, Picardie, Champagne, Bourgogne, Bresse, Bourbonnois, Berry, Poitou, & le pays d'Aunis, d'Anjou & le Maine, ensemble les provinces qui y sont enfermées, de l'étendue de notre ferme; & seront les autres provinces de notre royaume réputées étrangères, en ce qui concerne nos droits de sortie & d'entrée, jusques à ce qu'autrement par Nous il en soit ordonné.

I V.

LES marchandises qui sortiront de l'étendue de la ferme pour y rentrer, soit par mer ou par terre, ne seront sujettes à aucuns droits de sortie ou d'entrée; & les marchands seront tenus seulement de prendre des acquits à caution. Mais celles qui viendront des pays étrangers, ou de nos provinces réputées étrangères, & qui passeront par les provinces de l'étendue de la ferme pour en sortir, seront sujettes, tant à nos droits d'entrée qu'à ceux de sortie; sans préjudice néanmoins du privilége du transit, pendant le temps que nous le permettrons.

V.

TOUTEFOIS, nos droits de sortie seront payés

pour les vins & pour les eaux de vie qui sortiront de
nos provinces d'Anjou & du Maine, de Thouars &
de la châtellenie de Chantoceaux, & qui passeront
par notre province de Bretagne, encore que la desti-
nation en soit faite pour des lieux de l'étendue de
notre ferme.

V I.

LES marchandises qui ne seront point comprises
dans le tarif, seront appréciées de gré à gré par le
fermier de nos droits, & les marchands intéressés; &
en cas de contestation, elle sera reglée sur le champ
par l'un des juges de nos droits de sortie & d'entrée,
suivant l'estimation qui en sera faite par gens à ce con-
noissans, dont les parties conviendront, sinon il en sera
par lui nommé d'office; & nos droits seront payés à
raison de cinq pour cent de la valeur des denrées &
marchandises, à l'exception de celles de soie, or & argent, poil, fil & laine, & autres semblables, des manufactures étrangères, dont les droits d'entrée seront payés
à raison de dix pour cent de leur juste valeur.

V I I.

NOS droits d'entrée & de sortie seront payés pour
les marchandises qui seront déchargées des vaisseaux
qui aborderont dans nos ports & havres, & chargées
en d'autres vaisseaux de bord à bord pour être portées
hors l'étendue de la ferme.

V I I I.

TOUTEFOIS, il ne sera payé aucuns droits pour les
marchandises déchargées des vaisseaux qui auront été

obligés de relâcher par fortune de vent, tempête, poursuite d'ennemis, ou autres cas fortuits, pourvû qu'elles soient rechargées sur les mêmes vaisseaux dans trois jours après la déclaration des Maîtres ou Capitaines des vaisseaux; & si elles sont enlevées après les trois jours, elles seront sujettes aux droits d'entrée seulement, si ce n'est qu'ils aient obtenu une prolongation de délai, qui leur sera accordée pour quinzaine seulement.

I X.

LES Maîtres ou Capitaines des vaisseaux seront tenus de faire leur déclaration dans les vingt-quatre heures après leur arrivée, au plus prochain bureau du lieu où ils auront relâché, & de justifier par leurs livres de bord, connoissemens, ou charte-parties, que leurs marchandises étoient destinées pour d'autres lieux : autrement le fermier ne sera tenu d'y avoir égard, & en ce cas les droits seront payés comme pour les autres marchandises qui entrent dans l'étendue de la ferme.

X.

LES marchandises qui seront prises en mer par nos vaisseaux de guerre, ne seront sujettes à aucuns droits, soit qu'elles soient déclarées de bonne prise, ou que main-levée en ait été faite aux propriétaires, pourvû qu'elles soient transportées hors le royaume un mois après leur arrivée, sans y avoir été vendues. Mais elles seront sujettes à nos droits d'entrée si elles sont vendues dans le royaume; & elles seront encore sujettes à nos

A iij

droits de fortie, fi elles font portées hors le royaume après avoir été vendues.

X I.

IL fera payé cinq fols par les marchands, voituriers, ou autres, par chaque acquit de payement ou à caution, & cinq fols pour le certificat de defcente, fi les droits fur les marchandifes comprifes dans l'acquit montent à trois livres.

X I I.

IL fera payé feulement deux fols fix deniers, fi les droits font au deffous de trois livres, pourvû qu'ils fe montent au moins à vingt fols; & s'ils font au deffous de vingt fols, il ne fera payé aucuns droits d'acquit ni de certificat, défendons aux commis d'en recevoir aucuns, à peine de concuffion.

X I I I.

LEUR défendons pareillement, fur la même peine, de faire renouveller les acquits à chaque bureau : mais ils pourront feulement y mettre leur vû, fans que pour ce ils puiffent prendre aucuns droits, ni pour les congés, paffavans, brevets de contrôle, ou pour la décharge des acquits à caution; le tout fur pareille peine.

X I V.

IL fera pris feulement fix deniers pour le papier timbré de chaque acquit de payement ou à caution, & de chaque certificat de defcente, congé, ou paffavant.

X V.

IL ne fera donné qu'un feul acquit de payement, ou

à caution, pour tous les balots & marchandises appartenantes à un même marchand, conduites par un même voiturier par eau ou par terre, & adressées aussi à un même marchand; & en ce cas il ne sera pris qu'un seul droit d'acquit, à peine de concussion.

X V I.

DÉFENDONS au fermier, à peine de trois cens livres d'amende, d'abandonner à ses commis les droits d'acquit & de certificat de descente : Voulons qu'ils en fassent mention sur les registres de recette, séparément & sans les comprendre dans les autres droits, à peine de cent livres d'amende; & qu'ils en comptent au fermier, comme des autres sommes qu'ils auront reçûes.

T I T R E   I I.

De l'entrée & sortie des marchandises; des déclarations, de la visite, & des acquits.

ARTICLE PREMIER.

NOS droits de sortie seront payés au premier & plus prochain bureau du chargement des marchandises, & ceux d'entrée au premier & plus prochain bureau de la route; & les marchands & voituriers seront tenus en arrivant aux lieux où les bureaux sont établis, de les conduire directement au bureau, le tout à peine de confiscation des marchandises, & de l'équipage qui aura servi à les conduire, & de trois cens livres d'amende.

I I.

LA confifcation aura lieu lorfque les marchandifes auront paffé au-delà des bureaux, ou qu'elles auront été déchargées avant que d'y avoir été conduites.

I I I.

LES voituriers, ou conducteurs des marchandifes, feront tenus, fur les peines portées par l'article I, de faire leur déclaration fur le regiftre, ou d'en apporter une fignée des marchands ou propriétaires des mar-chandifes, ou de leur facteur, qui demeurera au bureau, & qui fera encore tranfcrite fur le regiftre, & fignée par les voituriers ou conducteurs, s'ils favent figner.

I V.

LES déclarations contiendront la qualité, le poids, le nombre & la mefure des marchandifes; le nom du marchand ou du facteur qui les envoie, de celui à qui elles font adreffées, le lieu du chargement, & celui de la deftination; & les marques & numéros des balots feront mis en marge des déclarations.

V.

CEUX qui feront aborder des vaiffeaux, bateaux ou barques dans nos ports de mer, & autres lieux où nos bureaux font établis, feront auffi tenus, fur les mê-mes peines, de donner dans les vingt-quatre heures après leur arrivée, pareille déclaration des marchandifes de leur chargement, & de repréfenter leurs connoif-femens.

V I.

LES voituriers ou conducteurs des marchandifes,

foit

soit par eau ou par terre, qui n'auront pas en main
leurs factures ou déclarations à leur arrivée, feront
tenus de faire leurs déclarations fur le registre, du nombre de leurs balots, & des marques & numéros qui
y feront, à la charge de faire ou de rapporter, dans
quinzaine si c'est par terre, & dans fix semaines si c'est
par mer, une déclaration des marchandises en détail; &
cependant ils laisseront leurs balots dans le bureau : &
ce temps passé sans avoir fait ou rapporté une déclaration en détail, les marchandises feront confisquées,
& les voituriers ou conducteurs condamnés à trois cens
livres d'amende.

V I I.

CEUX qui auront donné ou fait leurs déclarations,
n'y pourront plus augmenter ni diminuer, fous prétexte d'omission ou autrement; & la vérité ou la fauf-
feté de la déclaration fera jugée fur ce qui aura été
premièrement déclaré.

V I I I.

APRÈS les déclarations faites, & les connoiffemens
repréfentés, les marchandises feront vifitées, pefées,
mefurées & nombrées, & enfuite nos droits payés.

I X.

LES marchandises ne pourront être déchargées des
bateaux & vaisseaux, fans un congé par écrit du fermier,
& en fa préfence, foit que la décharge foit faite à terre,
ou de bord à bord.

X.

CEUX qui voudront enlever des marchandises d'un

B

lieu où il y aura bureau, seront tenus, sur les peines portées par l'article premier, de les conduire au bureau avant le chargement, & d'y apporter une déclaration conforme à l'article IV; & après la visite elles seront emballées & chargées en présence du fermier, & ensuite voiturées, sans que les marchands puissent les mener en leurs maisons après qu'elles auront été chargées.

X I.

DÉFENDONS aux Maîtres des vaisseaux & bateaux d'y recevoir aucunes marchandises sans un congé par écrit du fermier, & de se mettre en mer ou sur les rivières, sans avoir en main les acquits du payement de nos droits, ou à caution, à peine de confiscation de leurs marchandises, vaisseaux & bateaux, & de tout leur équipage, & de deux cens livres d'amende.

X I I.

LES Marchands ou voituriers seront interpellés d'être présens à la visite des marchandises; & en cas de refus, il en sera fait mention dans les procès verbaux de saisie, à peine de nullité.

X I I I.

SI la déclaration se trouve fausse dans la qualité des marchandises, elles seront confisquées, & toutes celles de la même facture appartenantes à celui qui aura fait la fausse déclaration, même l'équipage s'il lui appartient, mais non la marchandise ni l'équipage appartenant à d'autres marchands, si ce n'est qu'ils eussent contribué à la fraude; & si la déclaration est fausse dans la quantité, la confiscation ne sera ordonnée que pour ce qui n'aura point été déclaré.

X I V.

NOS droits seront payés comptant : & néanmoins, en cas que le fermier ait délivré son acquit de payement sans les recevoir, il pourra décerner ses contraintes sur les extraits des registres contenant les déclarations & soûmissions des voituriers ; & les contraintes seront exécutées contre les redevables, comme pour nos propres deniers.

X V.

LE fermier délivrera son acquit sur le champ, après le payement des droits, à peine de répondre des dommages & intérêts des marchands pour raison du retardement des marchandises.

X V I.

IL sera fait mention dans les acquits, de la qualité des marchandises qui seront transportées, & de leur quantité, du dernier bureau de leur route, soit à l'entrée ou à la sortie, & du temps qu'elles y passeront ; après lequel les acquits seront nuls, si ce n'est qu'il y ait eu quelque empêchement légitime, qui sera justifié par procès verbaux en bonne forme. Défendons aux voituriers de passer par d'autres bureaux que ceux qui seront marqués dans les acquits, à peine de confiscation des marchandises, & de cent livres d'amende.

X V I I.

LES voituriers seront tenus, sur les mêmes peines, de conduire directement leurs marchandises à tous les bureaux de leur route, & d'y repréfenter leurs acquits, pour y faire mettre le vû ; & ils les laifferont aux commis du dernier bureau, qui, après avoir vifité les marchandifes, leur délivrera un brevet de contrôle, fans frais, même ceux du papier timbré.

X V I I I.

I L S feront auffi tenus de repréfenter fur leur route leurs acquits, à la première réquifition qui leur en fera faite par les commis & gardes, qui pourront les retenir & leur délivrer un brevet de contrôle, auffi fans frais ; fans toutefois que l'ouverture des balots, & la vifite en puiffe être faite ailleurs que dans les bureaux.

X I X.

L E fermier ne pourra faire vifiter les marchandifes qui auront déjà été vifitées, fi ce n'eft au dernier bureau de la route.

X X.

I L pourra toutefois les faire décharger en tout ou partie au bureau de Quillebeuf, pour y être vifitées, encore qu'elles aient été vifitées en d'autres bureaux ; ce qui fe fera à fes frais pour la décharge & recharge, feulement en cas qu'il n'y ait point de fraude.

X X I.

I L pourra auffi, en cas de foupçon de fraude, faire la vifite des marchandifes dans les autres bureaux de leur route, à la charge toutefois des dommages & intérêts des marchands pour leur retardement, même des frais de la décharge & recharge, s'il n'y a point de fraude.

XXII.

NOS droits feront payés dans les bureaux de conferve, pour les marchandifes du crû des environs qui en fortiront, ou qui y entreront pour l'ufage & confommation des habitans, à l'égard defquelles feulement ils feront réputés bureaux de recette; & les voituriers qui conduiront des marchandifes deftinées pour paffer plus avant dans les provinces de l'étendue de la ferme, feront tenus d'y faire leurs foûmiffions de payer nos droits au premier bureau de recette qui fera trouvé fur la route, fur les peines portées par l'article premier.

XXIII.

DÉFENDONS, fur les peines portées par l'article premier, à tous voituriers qui conduiront des marchandifes, dans l'étendue de la ferme, à quatre lieues aux environs des bureaux, de paffer par des chemins détournés & obliques, encore qu'ils foient porteurs d'acquits, congés ou paffavans.

XXIV.

DÉFENDONS pareillement aux courriers de fe charger d'aucunes marchandifes, à peine de confifcation, & de cinquante livres d'amende. Et pour vérifier les contraventions, voulons qu'à leur arrivée ils repréfentent leurs valifes aux premiers bureaux de leur paffage.

TITRE III.

Des lieux deſtinés pour l'entrée des drogueries & épiceries ; des chevaux & des ouvrages de fil & de ſoie, venant des pays étrangers ou des provinces réputées étrangères.

ARTICLE PREMIER.

CEUX qui apporteront des drogueries & épiceries des pays étrangers dans l'étendue de la ferme, les feront entrer par la Rochelle, Rouen & Calais : défendons de les faire entrer par d'autres lieux, à peine de confiscation & de trois cens livres d'amende ; ſans préjudice néanmoins des autres lieux de nos provinces réputées étrangères par leſquelles nous en avons permis l'entrée ; ſavoir, Bordeaux, Lyon & Marſeille.

II.

LES drogueries & épiceries qui feront entrées dans le royaume par Bordeaux, Lyon & Marſeille, pourront entrer dans l'étendue de la ferme par tous les bureaux, en juſtifiant que les droits ont été payés aux lieux ci-deſſus, & en payant le ſupplément, s'il en eſt dû.

III.

CEUX qui amèneront des chevaux dans l'étendue de la ferme par la province de Picardie, les feront entrer par Doulens, Péronne, Amiens, Abbeville, Saint-Quentin & Guiſe ; ceux qui en amèneront par la Champagne, les feront entrer par Rocroy, Mézières, Torcy, Sainte-Menehould, Saint-Dizier & Langres; & ceux qui en ameneront par la Bourgogne, les feront entrer par Fontaine-Françoise & Saint Jean-de-Laune. Leur défendons de paſſer par d'autres routes, aux peines portées par l'article premier.

I V.

CEUX qui apporteront des points & dentelles de fil du comté de Bourgogne, feront tenus, ſur les mêmes peines, de paſſer par Auxonne & Saint Jean-de-Laune; d'Angleterre, par Calais, Dieppe & le Havre; de Lorraine, par Chaumont; de Sedan, par Torcy; d'Aurillac, par Gannat, & d'y payer nos droits : & ceux qui en apporteront des Pays-bas, de paſſer par le bureau de Péronne, d'y faire leur déclaration, & d'y prendre des acquits à caution aux termes des articles I & II du Titre VI des préſentes, pour les conduire au bureau de Paris, où nos droits feront payés après qu'elles auront été viſitées & marquées d'un plomb aux deux bouts de chaque pièce, en préſence des marchands auxquels elles feront adreſſées.

V.

CEUX qui feront venir d'Angleterre des Bas de ſoie, camiſolles, dentelles de ſoie, & autres ouvrages de pareille qualité, feront tenus, ſur les mêmes peines, de paſſer par Calais, Dieppe & le Havre.

TITRE IV.

De la marque des toiles & autres étoffes, dans les frontières des provinces de l'étendue de la ferme.

ARTICLE PREMIER.

LES toiles des manufactures de Guise, Saint-Quentin, Ham, Péronne & autres lieux des frontières de Picardie, feront marquées par le fermier fur les métiers, aux deux bouts, d'une marque d'encre imprimée avec un fer; & il y fera mis à chacun des deux bouts un plomb à nos armes, qui pourra en être ôté lors du blanchiffage par les maîtres des bueries; & après le blanchiffage ils feront tenus d'y en faire mettre un nouveau, avant que de les rendre aux marchands, & de tenir regiftre des toiles qui leur feront apportées pour être blanchies, qui contiendra le nom des ouvriers & des lieux où elles auront été fabriquées, à peine de cent livres d'amende contre les maîtres des bueries. Défendons aux marchands & ouvriers de les expofer en vente, foit qu'elles foient blanchies ou écrues, avant qu'elles aient été marquées, & fans avoir en main un certificat du lieu où elles auront été façonnées, figné du Juge ou du Curé du lieu, à peine de confifcation, & de trois cens livres d'amende.

II.

LES étoffes manufacturées dans les frontières des
provinces

provinces de l'étendue de la ferme, comme camelots; draps, ſerges & autres ſemblables, ſeront pareillement marquées ſur les métiers, aux deux bouts, d'un plomb à nos armes : & ſi elles paſſent enſuite à la foulerie, le plomb en ſera ôté ; & après qu'elles auront été foulées ; il en ſera mis un nouveau par les maîtres des fouleries ; qui ſeront tenus d'avoir un regiſtre ; & les marchands & voituriers, des certificats, conformément à l'article précédent, & ſur les mêmes peines.

TITRE V.

Des marchandiſes qui ſeront ſauvées du naufrage.

ARTICLE PREMIER.

LES marchandiſes qui auront été ſauvées du nau-frage, ne ſeront ſujettes à nos droits d'entrée ou de ſortie, ſi elles ſont réclamées par les conducteurs ou proprié-taires, dans l'an & jour de la publication qui en ſera faite ; à la charge néanmoins d'être tranſportées hors le royaume, dans trois mois du jour de la réclamation jugée, ſi ce n'eſt qu'il y eût quelque empêchement légitime : ſinon, après les trois mois, elles ſeront ſujettes à nos droits.

I I.

CE qui aura été vendu comme ſujet à dépériſſe-ment, ſera auſſi ſujet à nos droits, encore que le prix en ſoit réclamé dans le temps porté par ces préſentes;

C

& les adjudications feront faites à la charge par l'adjudicataire de payer nos droits.

I I I.

NOS droits d'entrée feront auffi payés pour la troifième partie des effets naufragés, qui fera délivrée à ceux qui les auront fauvés fur les flots, ou tirés du fond de la mer.

I V.

LES articles de notre ordonnance du mois d'août 1681, touchant la marine, au Titre des naufrages, bris & échouemens, feront exécutés; & nos officiers des Traites ne pourront s'immifcer au fait du fauvement des marchandifes, mais feront feulement les demandes concernant nos droits, portées devant eux.

V.

LE fermier de nos droits pourra toutefois, fur les avis qui lui auront été donnés, affifter, fi bon lui femble, aux inventaires & reconnoiffances des effets fauvés; même, s'il le requiert, il lui en fera délivré copie à fes frais, par le greffier de l'Amirauté.

V I.

LE gardien des marchandifes, foit le feigneur du fief, ou autre, fera tenu d'en faire la déclaration au plus prochain bureau, huit jours après qu'il les aura reçûes, au cas que le fermier n'ait pas été préfent aux inventaires ou reconnoiffances, à peine de demeurer refponfable de nos droits.

V I I.

IL fera tenu, fous pareilles peines, de dénoncer au

fermier, par acte signifié à son bureau, la vente qui devra être faite des marchandises périssables, aux cas des articles XIII & XV du même Titre de notre Ordonnance pour la marine; & il lui sera donné assignation pour y assister, avec un délai compétant suivant la distance des lieux.

V I I I.

CEUX qui réclameront les marchandises, seront tenus de le dénoncer au fermier; & les jugemens qui interviendront sur la réclamation, ne seront valables à son égard, s'il n'y est présent, ou dûement appelé.

I X.

APRÈS l'an & jour expiré sans que les marchandises aient été réclamées, nos droits d'entrée seront payés par ceux qui les partageront, au terme de l'article XXVI du même Titre de notre ordonnance pour la marine.

X.

LE gardien ne pourra faire la délivrance des marchandises à ceux qui les auront réclamées, ou à ceux qui les partageront après l'an & jour, que le fermier présent, ou dûement appelé, à peine d'en payer les droits.

X I.

LES seigneurs ou les habitans qui seront condamnés à payer la valeur des marchandises qui auront été pillées, seront aussi tenus du payement de nos droits.

TITRE VI.

Des Acquits à caution.

ARTICLE PREMIER.

LES marchands ou voituriers qui feront fortir des marchandifes de l'étendue de la ferme pour y rentrer, foit par mer ou par terre, feront tenus d'apporter au bureau, ou de faire une déclaration, conformément à l'article III du titre II, fur les mêmes peines.

II.

LA déclaration contiendra encore leur foûmiffion de rapporter certificat en bonne forme, de la defcente des marchandifes au lieu de leur deftination, ou de payer le quadruple de nos droits, dont ils donneront caution, qui fera pareille foûmiffion fur le regiftre, fi mieux ils n'aiment configner nos droits entre les mains du fermier.

III.

LE temps néceffaire pour rapporter le certificat de defcente, fera réglé par l'acte de foûmiffion, fuivant la diftance des lieux.

IV.

LES marchandifes feront conduites au bureau, vifi-tées, pefées, mefurées & nombrées, & enfuite les ac-quits à caution délivrés aux voituriers, qui feront tenus de les repréfenter aux bureaux de leur paffage, le tout comme fi nos droits étoient dûs; & le droit d'acquit sera payé suivant les articles XI & suivans, du titre premier des présentes.

V.

IL sera fait mention dans les acquits, de la consignation des droits ou de la soûmiffion des marchands & de leurs cautions.

V I.

LES marchands ou voituriers seront tenus, en arrivant au lieu de la deftination des marchandises, de les conduire directement aux bureaux, s'il y en a; & le fermier sera tenu de donner un certificat de descente, après la visite des marchandises, & la repréfentation des acquits.

V I I.

LES certificats de descente seront mis au dos des acquits à caution, encore que le papier ait été marqué pour une autre généralité; & ils seront signés par les commis dans les lieux où il y en aura d'établis, & par les juges, échevins & syndics dans les lieux où il n'y aura point de commis.

V I I I.

IL ne sera point délivré de certificat, si la descente des marchandises a été faite depuis le temps porté par l'acquit, à peine de nullité; & le fermier en ce cas pourra faire saisir les marchandises, & en pourfuivre la confiscation.

I X.

TOUTEFOIS les marchands pourront juftifier par procès verbaux en bonne forme, faits par les juges des lieux, ou en leur abfence par le premier praticien; greffier ou notaire, qu'ils ont été retardés par cas fortuit, comme fortune de mer, pourfuite d'ennemis ou autres accidens; auquel cas il leur fera donné main-levée de leurs marchandifes, encore que la defcente n'en ait pas été faite dans le temps porté par l'acte de foûmiffion.

X.

IL ne fera ajoûté foi aux procès verbaux, s'ils n'ont été faits dans le temps du retardement, ou du moins dans les vingt-quatre heures du jour qu'il fera ceffé, à l'égard des marchandifes qui feront tranfportées par terre; & à l'égard de celles qui feront tranfportées par mer, dans les deux jours depuis qu'elles feront arrivées au port, le fermier préfent ou dûement appelé, s'il y a un bureau dans le lieu de l'abord des marchandifes.

X I.

LES droits confignés feront rendus aux marchands, ou les foûmiffions qu'eux ou leurs cautions auront faites déchargées fans frais fur le regiftre, en rapportant le certificat de defcente dans le temps porté par l'acte de foûmiffion.

X I I.

SI le certificat n'eft point rapporté, les droits feront acquis au fermier, s'ils ont été confignés; finon le fer-mier pourra décerner fes contraintes pour le fimple du droit, fur l'extrait de fon regiftre: & en cas de contefta-tion, la confignation en fera ordonnée entre les mains du fermier, fauf à lui à pourfuivre folidairement le marchand & la caution, pour ce qui reſtera à payer du quadruple; le tout ſans préjudice, en cas que la fraude ſoit prouvée, de la confiſcation des marchandiſes contre les marchands, ſur laquelle le quadruple ſera déduit, s'il a été payé.

X I I I.

LES marchands & leurs cautions ſeront déchargés du payement de nos droits, en cas qu'ils rapportent le certificat de deſcente avant le jugement, pourvû qu'il paroiſſe par le certificat que la deſcente des marchandiſes a été faite dans le temps porté par l'acte de ſoûmiſſion; en payant néanmoins les frais faits par le fermier juſqu'au jour de la repréſentation du certificat.

X I V.

ILS ſeront pareillement déchargés du payement de nos droits au cas de l'article IX; même les deniers par eux conſignés, ou payés en vertu des condamnations contre eux jugées, leur ſeront rendus, encore qu'ils n'aient pas rapporté le certificat dans le temps porté par l'acte de ſoûmiſſion, en payant les frais faits juſqu'à la repréſentation des procès verbaux.

X V.

LES marchands, voituriers, rouliers, meſſagers, & tous autres qui amèneront des marchandiſes du dedans de la ferme, & qui les feront paſſer dans les quatre lieues proche ſes limites, ſeront tenus, ſous les peines portées par l'article premier, de faire leurs déclarations au bureau du lieu d'où ils partiront, s'il y a bureau, ſinon au premier bureau de leur route, & d'y prendre des acquits à caution, encore que les marchandifes foient deftinées pour le dedans de la ferme.

X V I.

CEUX qui enleveront des marchandifes dans les quatre lieues, feront auffi tenus, fous les mêmes peines, de faire leurs déclarations au bureau du lieu d'où ils partiront, s'il y a bureau, finon au plus prochain bureau, & d'y prendre pareillement des acquits à caution, foit que les marchandifes foient deftinées pour les quatre lieues, ou pour entrer plus avant dans la ferme.

TITRE VII.

Des inventaires, & du tranfport du vin dans les quatre lieues proche les limites de la ferme, dans les provinces d'Anjou, du Maine, & du Bas-Poitou.

ARTICLE PREMIER.

IL fera fait tous les ans, un mois après les vendanges, un inventaire du vin qui fe trouvera dans les quatre lieues proche les limites de la ferme, dans les provinces d'Anjou, du Maine, & du Bas-Poitou: Et à cet effet permettons au fermier de faire fes vifites dans les caves & celliers, & de marquer les futailles & tonneaux pleins de vin, en trois douves au moins, avec une rouane, ou un fer chaud, à fon choix; & l'empreinte tant du

fer

fer que de la rouane, sera mise au greffe des juges des
Traites.

I I.

LES formalités prescrites par notre ordonnance des
Aides, du mois de juin 1680, pour la confection des
inventaires, dans les articles III, IV, V, VI, VII & IX,
au titre des inventaires & récolemens du vin, seront
aussi observées pour les inventaires qui seront faits en
vertu du présent règlement.

I I I.

LES inventaires seront paraphés sans frais, en chaque feuille, par l'un de nos juges des Traites sur ce
requis, au plus tard dans un mois après leur clôture;
& en cas de délai, ou de refus par les juges, les commis
pourront dans la quinzaine après le mois expiré, en
signifier au Greffier une copie signée d'eux, qui tiendra lieu de paraphe.

I V.

IL sera aussi fait inventaire de l'eau de vie, à mesure
qu'elle sera fabriquée; & à cet effet, ceux qui feront
brûler du vin, seront tenus de faire leurs déclarations
par écrit aux commis des plus prochains bureaux, du
jour qu'ils mettront le feu à leurs chaudieres, & du jour
qu'ils l'ôteront, & de la quantité du vin qu'ils préten-
dront brûler, à peine de cent livres d'amende; & le
fermier pourra y envoyer des commis ou gardes, pour
tenir registre de la quantité d'eau de vie qui en aura
été tirée, & marquer les futailles & tonneaux, comme
il est porté en l'article premier pour le vin.

D

V.

LES vins & eaux de vie qui viendront du dedans de la ferme, & qui feront portés par acquit à caution dans la même étendue des quatre lieues, feront auffi marqués & rouanés; & la marque fera faite au bureau où les acquits ou paffeports feront délivrés.

V I.

LES marchands ou propriétaires des vins & eaux de vie, qui auront été marqués ou rouanés, ne pourront les tirer des caves ou celliers pour en faire le tranf-port, qu'après en avoir fait déclaration au plus prochain bureau, à peine de confifcation, & de cent livres d'amende.

V I I.

LES vins & eaux de vie ne pourront être tranfpor-tés hors de l'étendue de la ferme, que les tonneaux n'aient été démarqués, à peine de confifcation & de cent livres d'amende; & il fera fait mention de la dé-marque, dans les acquits.

V I I I.

IL fera fait mention dans les certificats de defcente, de la maifon où le vin ou eaux de vie auront été déchargés, du nom de celui qui l'occupe, & de la rue où elle eft fituée. Voulons au furplus que ce qui a été ordonné dans le titre précédent, touchant l'expédition & décharge des acquits à caution, & les certificats de defcente, foit obfervé pour le vin & l'eau de vie men-tionnés au préfent titre, qui feront tranfportés par ac-quits à caution, ou dépris.

I X.

LE fermier fera ses visites ordinaires deux fois l'an, dans les caves & celliers, étant dans les quatre lieues proche les limites de la ferme ; savoir, depuis le premier jour de mars jusqu'au 15 avril, & depuis le premier jour d'août jusqu'au 15 septembre ; & toutes personnes, de quelque qualité qu'elles soient, seront tenues de faire ouverture de leurs caves, celliers, pressoirs & autres lieux ; sinon, en cas d'absence ou de refus, l'ouverture en sera faite pour la visite, comme pour la confection de l'inventaire.

X.

LES futailles & tonneaux qui auront été marqués, seront représentés aux visites, ou les acquits de payement ou à caution, au cas qu'ils aient été transportés ; & à faute par les marchands ou propriétaires de les représenter, ils seront condamnés au quadruple des droits de sortie.

X I.

LES tonneaux qui auront été représentés vuides lors des visites, seront démarqués, & l'inventaire en sera déchargé ; & s'ils sont encore pleins, les marchands en feront de nouveau chargés, pour les représenter aux visites suivantes.

X I I.

LES marchands & propriétaires du vin, seront déchargés de la représentation des tonneaux, après que le temps de chaque visite ordinaire sera expiré sans qu'ils aient été requis de les représenter, pourvû que le certificat de descente ait été rapporté dans le temps marqué par l'acte de dépri, & avant le temps de la visite.

X I I I.

DÉFENDONS aux commis de prendre aucune chose pour la marque ou rouane, & pour la démarque, à peine de concussion.

TITRE VIII.

Des marchandises de contrebande, & de celles dont la sortie ou l'entrée est défendue.

ARTICLE PREMIER.

TOUTES marchandises de contrebande seront confisquées, avec l'équipage qui aura servi à les conduire; même les marchandises qui seront ensemble, au terme de l'article II du titre II; & les marchands ou voituriers seront condamnés à cinq cens livres d'amende, sans préjudice des peines afflictives portées par nos ordonnances, suivant la qualité de la contravention.

I I.

APRÈS les frais faits pour parvenir à la confiscation, qui seront pris préalablement sur ce qui aura été confisqué, nos droits seront payés pour le total de la marchandise confisquée; & ensuite le tiers de ce qui restera, sera donné aux dénonciateurs, & les deux autres tiers seront adjugés par tiers, savoir, un tiers à Nous, & les deux autres tiers au fermier.

I I I.

NOUS déclarons l'or & l'argent monnoyé & non monnoyé, les pierreries, les munitions de guerre, les falpêtres & les chevaux, marchandifes de contrebande à la fortie du royaume.

I V.

SI nous permettons l'entrée ou la fortie des marchandifes de contrebande, les droits appartiendront au fermier, & feront payés fuivant le tarif; & s'il y a des condamnations d'amende, ou des confifcations, elles lui appartiendront fans qu'il en foit comptable.

V.

LE fermier ne fera tenu d'avoir égard aux permiffions qui auront été données pour faire entrer ou fortir des marchandifes de contrebande, fi elles ne font contre-fignées de l'un de nos Secrétaires d'état, & vifées du Contrôleur général de nos finances.

V I.

NOUS défendons la fortie hors de notre royaume, des grains & légumes de toutes efpèces, & des laines, chanvres & lins du crû de notre royaume, fans notre permiffion; à peine de confifcation, & de cinq cens livres d'amende.

V I I.

NOUS défendons pareillement, fous les mêmes peines, l'entrée des glaces de miroir venant des pays étrangers, & des points de Venife.

V I I I.

DÉFENDONS à tous Gouverneurs ou Lieutenans

D iij

généraux de nos provinces, & tous autres, de donner
aucuns paſſeports pour faire entrer ou ſortir des marchandiſes mentionnées aux articles précédens : Voulons
que ſans y avoir égard, elles ſoient ſujettes aux peines
portées par l'article premier.

TITRE IX.

Des Magaſins & Entrepôts.

ARTICLE PREMIER.

LE fermier établira des magaſins dans les villes de
la Rochelle, Ingrande, Rouen, le Havre-de-Grace,
Dieppe, Calais, Abbeville, Amiens, Guiſe, Troyes &
Saint Jean-de-Laune, pour y recevoir les marchandiſes deſtinées pour les pays étrangers, tant par nos
ſujets que par les étrangers. Et celles qui y feront entre-
poſées, ne feront ſujettes à aucuns droits d'entrée ou
de ſortie, pourvû qu'elles ſoient tranſportées hors le
royaume par les mêmes lieux par où elles y feront entrées, dans ſix mois ; autrement elles feront ſujettes à
nos droits d'entrée.

II.

LES magaſins feront fermés à deux ferrures, de
l'une deſquelles le fermier aura la clef, & le député des
marchands aura la clef de l'autre.

III.

LES marchands ou voituriers qui voudront entrepoſer

des marchandifes dans les lieux ci-deffus mentionnés, repréfenteront leurs lettres de voiture ou connoiffemens, aux bureaux, avec la déclaration en détail de ce qui fera contenu dans leurs ballots & paquets, & le fermier en fera la vérification.

I V.

APRÈS la vérification faite, les ballots feront fcellés & plombés; & ils ne pourront être rechargés pour être tranfportés aux lieux de leur deftination, qu'en préfence du fermier.

V.

LES marchandifes ne pourront être entrepofées, à moins que la deftination n'en foit faite par les lettres de voiture & connoiffemens; & elles ne pourront être vendues dans le royaume, à peine de confifcation & de cinq cens livres d'amende.

V I.

LES voituriers, tant par eau que par terre, ne pourront fortir que par l'un des bureaux ci-deffus déclarés, ni décharger leurs marchandifes en aucuns lieux de notre royaume, ni les vendre, quand même le droit d'entrée en auroit été payé aux termes de l'article premier; le tout à peine de confifcation, & de cinq cens livres d'amende.

V I I.

DÉFENDONS tous autres magafins ou entrepôts dans les quatre lieues proche des frontières de la ferme, foit dans les provinces de la ferme, foit dans les provinces réputées étrangères, & auffi dans les huit lieues proche de notre bonne ville de Paris; à peine de confiscation, & de trois cens livres d'amende.

TITRE X.

Du Bureau de Paris.

ARTICLE PREMIER.

LES marchands ou voituriers qui amèneront des marchandises dans notre bonne ville de Paris, feront tenus de les conduire directement au bureau de la douane, pour y être visitées, & d'y représenter leurs acquits, congés & paffavans; à peine de confiscation des marchandises, & de l'équipage qui aura servi à les conduire.

I I.

LES ballots ou caisses qui auront été plombées dans le bureau, ne pourront être visitées qu'au dernier bureau de la route, si ce n'est en cas de fraude, & au terme de l'article XXI du deuxième titre.

I I I.

L'EMPREINTE de la marque du plomb sera mise au greffe de l'Election. Défendons de la contrefaire, à peine de faux.

TITRE XI.

TITRE XI.

Des Saisies.

ARTICLE PREMIER.

LES marchandifes qui feront faifies dans les bureaux, y feront dépofées; & il en fera fait defcription par le procès verbal de faifie, en préfence des marchands ou voituriers, & s'ils font abfens, en préfence de notre Procureur fur les lieux; & le receveur ou le contrôleur du bureau, fera établi gardien par le procès verbal.

II.

L'INTERPELLATION faite au marchand ou voiturier, en parlant à fa perfonne, d'être préfens à la defcription des marchandifes, vaudra comme s'ils étoient préfens.

III.

L'ÉQUIPAGE faifi, fera rendu au marchand ou voiturier, en donnant par lui caution folvable de le repréfenter, ou la jufte valeur, en cas de confifcation.

IV.

SI la faifie eft faite hors le bureau, dans une maifon ou dans un magafin, les marchandifes ne feront point tranfportées, fi le marchand donne un gardien folvable; & il en fera feulement fait defcription en la forme prefcrite par l'article premier : Mais s'il ne donne point de gardien, elles feront tranfportées au bureau.

E

V.

SI la faisie est faite à la campagne, il en sera fait description en gros, sans les déballer, & elles seront conduites au plus prochain bureau : & s'il est trop éloigné, en la plus prochaine ville, où il en sera fait description en détail.

V I.

LE procès verbal de faisie sera signé par le marchand ou voiturier, s'il veut ou sait signer; & en cas de refus, il en sera fait mention dans le procès verbal, & de l'interpellation qui lui en aura été faite; & il lui sera laissé copie du procès verbal, s'il est présent, sinon il sera fait mention de son absence : le tout à peine de nullité.

V I I.

IL sera donné assignation aux marchands ou voituriers, par le procès verbal de faisie, à comparoir dans le jour, si la faisie est faite en lieu où il y ait un Juge de nos droits : & si la faisie est faite à la campagne, l'assignation sera donnée au jour suivant; & en cas que le Juge soit éloigné de plus de dix lieues, le délai sera augmenté d'un jour pour dix lieues.

V I I I.

LE procès verbal sera affirmé véritable, pardevant le Juge de nos droits, au plus tard dans le même délai de l'assignation, à peine de nullité; & l'acte d'affirmation sera mis au pied du procès verbal, & signé sans frais par l'officier.

I X.

EN cas de rébellion, il en sera dressé procès verbal par les commis ou gardes, sur lequel le Juge de nos droits pourra procéder extraordinairement.

X.

LES marchandises qui ne pourront être gardées sans perte considérable, seront vendues au plus offrant & dernier enchérisseur, & les deniers consignés entre les mains du fermier; si mieux n'aiment les marchands donner bonne & suffisante caution de la valeur des marchandises, ou en consigner le prix entre les mains du fermier, estimation préalablement faite.

X I.

LES saisies seront jugées sur les procès verbaux des commis & gardes, sans autres preuves; pourvû qu'ils soient en la forme ci-dessus prescrite, & signés de deux commis ou de deux gardes, ou d'un commis & d'un garde.

X I I.

SI la saisie a été faite par un commis seul, ou par un garde, il sera procédé à l'interrogatoire des voituriers, sur les faits contenus au procès verbal seulement; & en cas de dénégation des faits contenus au procès verbal, le Juge ordonnera qu'il en sera fait preuve respectivement.

X I I I.

DÉFENDONS à tous Juges de nos droits, de donner main-levée des saisies, soit simples, ou à caution, sinon en jugeant définitivemen.; à peine de nullité des jugemens, & des dommages & intérêts du fermier : Défendons aux procureurs de figner aucune requête pour les obtenir, à peine de cent livres d'amende, fi ce n'eft au cas de l'Article X du préfent Titre, ou en confignant le prix des marchandifes.

X I V.

DÉFENDONS auffi à nos Cours de recevoir l'appel des faifies, ni d'aucun autre acle, que des fentences ou ordonnances rendues par les premiers Juges.

X V.

EN cas d'appel interjeté par le fermier, de la main-levée définitive, les premiers Juges pourront par provifion ordonner la reftitution des marchandifes, en donnant par le marchand, bonne & fuffifante caution.

X V I.

LES faifies faites dans les provinces étrangères, ou réputées étrangères, feront jugées par le Juge dans le département duquel fera le garde ou commis qui aura fait la faifie, fi la marchandife n'eft point ramenée dans l'étendue de la ferme; & fi elle y eft ramenée, la faifie fera jugée par le Juge dans le reffort duquel elle fera dépofée.

X V I I.

LES marchandifes faifies qui auront été abandonnées par les marchands & voituriers, & qui ne feront point réclamées dans la huitaine, pourront être confifquées, & vendues en préfence de notre Procureur fur les lieux, huit jours après la confifcation jugée, en faifant faire toutefois préalablement trois proclamations par trois jours différens, tant à la porte de l'auditoire du Juge, qu'à celle du bureau; & en cas que dans la suite la restitution en fût ordonnée, le fermier sera tenu seulement de rendre le prix porté par le procès verbal de vente.

TITRE XII.

De la jurisdiction des Juges des droits de sortie & d'entrée.

ARTICLE PREMIER.

LA connoissance de tous les différends civils & criminels, concernant nos droits de sortie & d'entrée, & de ceux qui naîtront en exécution du présent règlement, appartiendra en première instance aux Maîtres des ports, leurs lieutenans, juges des traites, & autres auxquels nous l'avons attribuée par leurs provisions ou commissions, chacun dans l'étendue du ressort qui lui aura été marqué, & par appel en nos Cours des Aides. Défendons à tous autres juges, même aux officiers de nos élections, d'en prendre connoissance, à la réserve toutefois de ceux de l'élection de Paris, qui pourront en connoître en première instance dans l'étendue de leur ressort.

I I.

LES juges par Nous pourvûs ou commis, connoîtront aussi des saisies faites dans les provinces étrangères, ou

E iij

réputées étrangères, aux termes de l'article XVI du titre des faifies.

I I I.

ILS connoîtront auffi des malverfations & fraudes des commis & gardes, & des concuffions, violences & autres excès par eux commis dans l'exercice de leurs commiffions; & ils pourront procéder contr'eux extraordinairement, jufqu'à fentence définitive inclufivement.

I V.

LEUR défendons, & aux greffiers de leur juftice; de s'immifcer en l'expédition des acquits, congés ou paffavans, réception ou décharge de foûmiffions; & de prendre aucun droit des marchands ou voituriers, fous quelque prétexte que ce foit, à peine de concuffion.

V.

ILS prêteront le ferment en nos Cours des Aides, & en cas d'éloignement de plus de quarante lieues, pardevant l'un de nos Confeillers qui fera trouvé fur les lieux, ou pardevant un de nos Juges, qu'elles déléguront à cet effet.

V I.

DANS les jugemens où il écherra condamnation à peine afflictive, ils fe feront affifter au moins de trois officiers ou gradués.

V I I.

ILS pourront, en cas de foupçon de fraude, fur la réquifition du fermier ou de fon commis, faire des vifites dans les maifons des marchands ou autres, même faire faire ouverture des portes.

VIII.

LA fraude ne pourra être pourfuivie extraordinairement, mais civilement par faifie ou par action, fi ce
n'eft en cas de rébellion ou autre délit.

IX.

TOUS les différends feront jugés fommairement &
fans épices, après avoir ouï les parties par leur bouche,
fi elles font préfentes; & ils ne pourront être appoin-
tés, à peine de nullité des jugemens, à la réferve toutefois des procès criminels où il échet peine afflictive.

X.

L'APPEL des ordonnances ou fentences interlocu-
toires, ne pourra empêcher l'inftruction & le jugement.
Défendons à nos Cours de donner aucunes furféances
ou défenfes de procéder : déclarons nulles toutes celles
qui pourroient être ordonnées; Voulons, fans y avoir
égard, qu'il foit paffé outre par les premiers juges, jufqu'au jugement définitif inclufivement; & que les procureurs qui auront figné les requêtes, foient condamnés
en cent livres d'amende, qui ne pourra être remife ni
modérée.

XI.

DÉFENDONS à tous Juges de nos droits, même
à nos Cours, de donner aucune main-levée des effets
confifqués, finon en confignant entre les mains du
fermier, leur jufte valeur au dire d'experts.

XII.

LES fentences qui ordonneront le payement de

nos droits, feront exécutées par provifion, & nonobftant l'appel aux cautions baillées par le fermier.

X I I I.

DÉFENDONS à nos Cours de donner aucunes furféances, ou défenfes de les exécuter ; & dès-à-préfent nous les déclarons nulles.

X I V.

LES jugemens portant condamnation des droits, feront exécutés par corps.

X V.

LE temps prefcrit par notre Ordonnance du mois de juillet 1681, au titre commun pour toutes les fermes, pour relever l'appel des fentences qui condamnent au payement de nos droits, fera auffi obfervé pour l'appel des jugemens portant confifcation ou amende.

T I T R E   X I I I.

Des Amendes & Confifcations.

ARTICLE PREMIER.

LES articles XXVI, XXVIII, XXIX, XXX, XXXI & XLIII, de notre Ordonnance du mois de juillet 1681, au titre commun pour toutes les fermes, concernant les amendes & confifcations, feront obfervés.

I I.

SI les marchandifes confifquées ne peuvent être
gardées

gardées sans perte considérable, elles pourront être vendues nonobstant l'appel, au terme de l'article X du titre X I.

I I I.

LES confiscations jugées par sentences confirmées par arrêt, contre des marchands qui auront obtenu main-levée à caution, en attendant le jugement définitif, seront exécutées par corps, tant contr'eux que contre les cautions.

I V.

DÉFENDONS au fermier de nos droits, d'aban-donner à ses commis les amendes & confiscations qui pourront être jugées à son profit pendant le cours de son bail, soit en tout ou partie : Déclarons tous traités faits pour raison de ce, nuls, même les procès verbaux faits par les commis auxquels le fermier aura donné part dans les amendes & confiscations; & néan-moins le tiers des confiscations sera donné aux dénon-ciateurs.

TITRE XIV.

De la police générale de la ferme des droits de sortie & d'entrée.

ARTICLE PREMIER.

LE fermier pourra augmenter, diminuer ou changer les bureaux, après en avoir obtenu permission des Juges

F

de nos droits, dans le reffort defquels le changement ou nouvel établiffement fera fait, en le faifant publier dans les paroiffes frontières qui feront fur la route, tant du bureau nouvellement établi, que de celui qui aura été fupprimé, & en mettant des affiches à l'entrée du lieu où le bureau fera établi ou changé.

I I.

LES marchandifes ne feront point fujettes à confifcation, pour n'avoir pas été déclarées au nouveau bureau, que trois mois après la publication, finon en cas de fraude.

I I I.

LE fermier tiendra regiftre dans chaque bureau, des déclarations, payemens des droits, foûmiffions des marchands ou de leurs cautions, defcente de marchandifes, & décharge des acquits à caution, à peine de répondre en fon nom des dommages & intérêts des marchands; & les fommes feront écrites fans chiffres ni abréviations, fauf après qu'elles auront été écrites, à les tirer en chiffres hors ligne.

I V.

DANS les bureaux où il y aura un contrôleur, il y aura un regiftre de contrôle féparé de celui de la recet.e.

V.

LES regiftres feront reliés & collés; les feuillets cotés par premier & dernier, & paraphés par le directeur général en chaçun département.

V I.

ENJOIGNONS au fermier d'avoir en chaque bureau, en un lieu apparent, un tarif de nos droits, dont les marchands puiffent prendre communication; à peine d'amende arbitraire, dépens, dommages & intérêts des parties.

V I I.

CE que nous avons ordonné pour les poids & mefures des marchandifes, par l'article XL du titre commun pour toutes les fermes, fera obfervé pour nos droits de fortie & d'entrée; & les poids & mefures feront réduits & évalués aux poids & mefures de notre bonne ville de Paris.

V I I I.

LE fermier ne pourra fe fervir de commis, commandans & gardes qui ne fachent écrire, & qu'ils ne foient âgés au moins de vingt ans; & ils feront reçûs au ferment, par le Juge de nos droits dans le détroit duquel ils feront employés, fans information de vie & mœurs, & fans conclufions ni commiffions du fubftitut de notre Procureur général fur les lieux.

I X.

LES commis à la recette ou contrôle, les vifiteurs, gardes & autres employés, qui feront envoyés dans le détroit d'un autre juge, prêteront nouveau ferment devant lui, fi mieux ils n'aiment fe faire recevoir en nos Cours des Aides; auquel cas ils y feront reçûs en la forme prefcrite par l'article précédent, & ils pourront exercer dans toutes les jurifdictions de leur reffort, en y faifant feulement enregiftrer le ferment qu'ils auront prêté en nos Cours; ce qui fera fait fans frais.

X.

PERMETTONS aux commis & gardes du fermier; chacun dans le reffort où il fera employé, de faire telles vifites que bon leur femblera, dans les magafins, boutiques, hôtelleries & maifons des marchands, en fe faifant accompagner au moins d'un autre commis ou garde; même en cas de refus, & après interpellations dûement faites, ils pourront, en vertu d'ordonnance du Juge de nos droits, ou en fon abfence, du Juge du lieu, faire faire ouverture des portes par le premier ferrurier fur ce requis, en préfence de deux voifins qui figneront les procès verbaux, ou qui feront interpellés de les figner, dont il fera fait mention.

X I.

LEUR permettons pareillement, fur les avis de fraude qui leur feront donnés, de faire des vifites dans les maifons de toutes autres perfonnes de quelque qualité qu'elles foient, encore qu'elles ne faffent aucun commerce; & en cas de refus, faire faire ouverture des portes : le tout néanmoins en fe faifant accompagner du Juge de nos droits, s'il y en a fur les lieux; ou à fon défaut, du Juge du lieu.

X I I.

LES commis & gardes pourront fuivre, vifiter & faifir les marchandifes roulantes dans nos provinces réputées étrangères, qui feront forties en fraude, & les faire conduire au plus prochain bureau de la ferme, fi faire se peut, sinon en la plus prochaine ville ou village ; & la saisie sera jugée aux termes de l'article XVI du titre des saisies.

X I I I.

ILS pourront, aussi dans l'instant seulement de la confection de leurs procès verbaux, les dénoncer aux parties, & en les dénonçant, leur donner assignation ; & au surplus ils pourront se servir de tels huissiers & sergens que bon leur semblera.

X I V.

LES gardes jouiront des facultés & exemptions accordées par l'article XI du titre commun pour toutes les fermes, aux autres commis & employés.

X V.

CE que nous avons ordonné pour la forme des procès verbaux de saisie, sera exécuté pour tous les autres procès verbaux des commis & gardes, sous les mêmes peines.

X V I.

PERMETTONS au fermier de tenir en mer, & aux embouchûres des rivières, des vaisseaux, pataches, ou chaloupes armées ; à la charge toutefois de mettre de six mois en six mois au greffe de l'Amirauté de la province, un rôle certifié de lui, ou de son commis général en chaque département, des noms & surnoms de ceux qui y seront employés.

X V I I.

LE fermier sera responsable civilement du fait de ses commis & gardes dans l'exercice de leurs commissions seulement, sauf son recours contr'eux & leurs cautions.

XVIII.

IL sera procédé extraordinairement contre les commis & gardes qui seront d'intelligence avec les marchands pour frauder nos droits, ou qui, par fraude, ne chargeront pas leurs registres des acquits par eux expédiés, & des déclarations faites par les marchands; & ils seront condamnés à une amende, qui ne pourra être moins que du quadruple des droits fraudés, sans préjudice des peines afflictives qui pourront être ordonnées suivant la qualité du délit.

XIX.

LES marchands & propriétaires des marchandises, seront responsables civilement du fait de leurs facteurs, serviteurs & voituriers, en ce qui concerne nos droits, les confiscations, les amendes & les dépens.

XX.

CE que nous avons ordonné pour les marchandises, dans le présent Règlement, sera observé pour les denrées.

XXI.

VOULONS au surplus, que ce qui a été ordonné par notre règlement du mois de juillet 1681, au titre commun pour toutes les fermes, soit exécuté en ce qui ne sera contraire aux présentes

SI DONNONS EN MANDEMENT à nos amés & féaux Conseillers, les gens tenant notre Cour des Aides de Paris, & aux officiers de l'Election dudit lieu,